Alle Rechte liegen beim Autor
Herstellung: Books on Demand GmbH
ISBN 3-8311-2156-7

R.D.´s

JOURNEYMAN

Lyrik von mir in dir

SOLANGE ALLER ANFANG SCHWER IST ,

SOLANGE DAS LEBEN SPIEL IST ,

SOLANGE MAN ZEIT FÜHLEN KANN

die hände von gott

ihr und ich , meine kleinen ,
wir sind die hände von gott .
an dieser wende der zeiten ,
von dieser rohen in die nächste ,
die uns ein gutes ,
entspanntes ,
freudiges , reiches , offenes
leben ermöglicht ,
dürfen wir uns begegnen .
ihr seid aus mir ,
und ich bin von euch .
meine kinder .

der herr der worte

auf den punkt kommen .
der punkt ist die einheit
von tat und zeit .
die zeit offen zu betrachten
und die tat folgen zu lassen
ist die kunst .

die offene wunde

letztlich ist es so und wir alle wissen es :
das leben ist eine offene wunde .
und das ist ja gut so :
empfänglich , neu ,
dann bildet sich die haut des alltags ,
alles heilt ,
bis sie aufreisst , oder ein schnitt kommt ,
und der kreis wieder beginnt .
gut so .

was du willst

was du willst , du selbst , in deinem leben ,
das frage dich jeden tag einmal kurz ,
bis du es nicht mehr brauchst.
und dann : lebe .

energie

in meiner mitte , hinter dem rippenansatz
ist sie .
und wenn sie sich gleichmässig
in meinem körper ausbreitet
flie
sst

bin ich in mir zuhause
und alles pulst
ist verletzlich und kraft .

.

am boden

am boden , hingeworfen klebst du
dein körper matsch
kalt , einsam , wärme und liebe weit weg ,
an diesem abend , in dieser nacht .

und der morgen gibt dir
natur , gezwitscher , sonne , kaffee .
der kopf fährt hoch auf betriebstemperatur .
zu lernen gab´s nur , dass jeder der dir nichts geben kann
so tut als ob ,
weil er selbst danach sucht ,
und jeder , der so tut , als habe er sie
im moment falsch gewickelt ist .
nicht schlimm ,
es ist genug für alle da ,
in dir und im anderen .

und nur weil es nacht war
und nichts zu sehen
ausser blankem haben wollen
wie blanker stahl
in rücken und bauch .
und jeder nächste sich dir überstelt hat
mit seinem know - how über dein leben ,
mit einer blechdose - lächerlich ,
mit aufgeschminkter härte
und blah - blah .
und weil du vergessen hast , wesshalb die alle so sind ,
(sie zeigen sich so)
ging´s dir schlecht .

weil es nacht war
ist es jetzt morgen geworden -
das ist die wahrheit
und du hast alles was du brauchst
das ist die wahrheit
wie jeder andere auch .
nacht , nebel , matsch ,
natur , gezwitscher , sonne , kaffee ,
auferstehung .

was ist es ?

der leise killer
das unbedingte überleben
das leichte schicksal
der plötzliche verlust
der böse vater
die tragische mutter
die heimliche liebe
die unheimliche macht
der schöne schmerz
die andere hand
der gnadenlose abgrund
die abstossenden pole
die tiefe ahnung
die unsichtbaren wunden
das schreckliche leid
die alltägliche vergewaltigung
die unbarmherzige flut
die unerreichte sehnsucht
das kurze licht
die kalte schönheit
die unlösbare situation
die erlösende natur
der gerne kranke
das bleibende gewissen
die strömende richtung
die jetzige zeit
die mächtige entscheidung
die chance

das ist es , was ein leben ausmacht ,
kurz erkennen wir den weg
wie ein blitz in der nacht ,
zu kurz um vorherzusehen -
also weiter !
in wärme und kraft
offen und mutig

BLUTORANGE und APFEL

die letzten dünnen schneeflocken tanzen in kreisen
im wind, fliegen zurück zum himmel.
ich fühle mich als hätte man unsere unterleiber
voneinandergerissen.
meine hände suchen deine, und deinen körper.
meine nase erinnert mich bei jedem ähnlichen duft.
mein kopf malt deine bilder.
deine stimme könnte ich überall heraushören.
und was habe ich - dieses gefühl, das mit mir tanzt
wie die schneeflocken draussen, vom himmel zum
boden und zurück.
ich ahne es: wir können erst wieder herr unserer
selbst werden
wenn wir zusammenkommen.

gut,
jetzt habe ich zeit aus dem fenster zu starren
und darunter zu leiden, dass ein paar kilometer
zwischen
uns liegen
und unter dieser
ungeklärten
situation.

leiden und liebe gehören zusammen.

und dann überwiegt wieder sie,
die mit musik oder stille geschmückte liebe,
wahrhafte momente,
getragen von ihr.

der tag

eine unterhose,ein schlafanzug
eine zahnbürste
ein tee,butter,brot,marmelade,tasse,löffel,messer
ein tisch,ein stuhl
ein zettel,ein stift
ein rad
eine dusche
ein einkauf-20,-
ein herd,ein topf,ein messer,ein brett
ein teller,eine gabel
ein bett
ein kaffee
ein zettel,ein stift.
socken,unterhemd+hose,hose,gürtel,hemd
schuhe,egoiste,spiegel,los

die nacht

**SOG,KRIBBELN,NEUGIER,VERLANGEN
MAGNETE,ÖFFNEN,SO BLEIBEN**

JOURNEYMAN

OUR LIVE IS LIKE A JOURNEY
WITH A PATH LIKE A FLASHLIGHT
IN A FULL - MOON - NIGHT
EVERY THOUGHT CAN CHANGE DIRECTION
LIKE EVERY MOVE

AND SOME VOICE FROM BEHIND
SEEMS TO TELL YOU AND ME :
be open to dy .

nobody knows if you dy
it´s only to start into the very next
journey
maybe this time
from old to young
from experience to nothing
(very frustrating image of this live)
from sweet hell to hard earned
paradise

hinein

der erste atemzug sticht herein ,
raus mit dem klebrigen wasser ,
kalt ist es hier ,
und so luftig und frei ,
ah - eine decke , eine hülle ,
warm , wiederstand .

das duell

jeden tag gewannen die felsen den kampf gegen die brandung .
schon in der nacht war man sich nicht mehr so sicher .
und über die ewigkeit bahnte sich das flüssige wasser seinen weg .

geburt

schleimiges rot lässt nichts erkennen
zäher , elastischer widerstand
die ohren verschleimt
mit kraft in alle richtungen drücken
bis die eine gefunden ist ,
in der es ein stück weitergeht .
und hier schon - die ahnung von einem ende des weges .
der falsche wird nicht weitergehen ,
und auch der richtige wird es später irgendwann tun .
vages gelb - das ziel , es müsste das ziel sein

trauer

tränen ziehen in die haut ein ,
hinterlassen eine salzspur .
seelen verlassen körper ,
hinterlassen einen stempel auf den herzen der traurigen .

von oben

es trägt der wind
mit wenig kraft gewinne ich die übersicht .
wieder unten wird alles anders
ehrlicher , konfuser , kraftraubend ,
härter

auf begehren

nach trauer
nach unterdrückung
nach kummer
nach falscher einbildung
und enttäuschung
gibt es nur ein rezept -
aufrichten , aufbegehren .
mehr raum !

anleitung

lerne sprechen
achte auf deine worte
bewege dich
genau
sehe was du findest
höre
hin
fliesse
in deinem fluss
achte genau
auf dich
achte genau
auf die anderen
lass es
gut sein

ich habe ein wort verloren
suche ein wort
das mir hilft , das leben besser zu verstehen
hineinzustarten
es zu nehmen

homerun

am ende
an einem satz , den du willst
nehme ich deine hand
ziehe sie zu mir
ziehe dich an mich
lasse dich meinen atem fühlen
meine kraft , meine wärme
meine besessenheit , meine haut
trocken und warm -
und vor allem gut
ich sage dir nichts - nur
traue dir selbst -
es ist alles gut .

-

dein atem erwärmt die luft zwischen uns
tue dasselbe , wenn du redest

-

erklär mir deine hoffnung
sie ist gross und wahr wie das meer .
das ist der boden
in dem wir wachsen können .

-

kann nicht aufhalten
was kommt
kann nicht aufhören
zu lieben
und bei aller kraft und zuwendung
kann nicht aufhalten
was unumgänglich ist
muss es aushalten
bis zu dem tag
an dem ich selbst vor mir aufgeben darf .

nicht treu

reizvolle frau
kann mich haben ,
voll und ganz .
einzigartig ästhetisch schön vorgeführt
anders
eine zauberhafte möglichkeit
pretty and perfect
ja !
eine wundervolle kombination von gesicht , augen
mund
zu form , haut ,
po , beinen ,rücken , brust , schulter ,
und ausdruck .
glatteis und magnetismus
im kritischen bereich
mit einem gefühl , als müsste ich mich eine mit
gelatine eingeschmierte rutsche allein mit meiner
zunge von unten nach oben kämpfen ,
um DICH zu bekommen .
jetzt ist alles zu spät
jetzt habe ich dich gesehen
jetzt kenne ich dich
und zudem ist unsere kombination natürlich perfekt
aber in diesem moment ist erstmal gar nichts klar .
sie ist soo schön .
ob sie so ist , wie sie aussieht
was fühlt sie ?

scheinbar nicht auszuhalten , die länge dieser augen -
blicke von angezogenem ausziehen
wie in der mitte eines zaubers
wie ein hauch von etwas ,
der nicht in der lage sein möchte ,
eine kerze auszupusten .
ein langsames aufnehmen deiner form
wie ein puzzle
wie ein teil von mir
aufgenommen

ihr körper wirkte roh , nackt , üppig , wie eine wunde
und desshalb gefährlich
zu berühren anzusprechen .
sie schien unberechenbar , wild .

-

sie war gerade eine frau
ihre hell schimmernde haut umspannte diesen straffen körper .
sie lag auf dem gras zwischen 2 strassen
als wäre sie bereit
als wäre sie nackt
bereit sich sofort mit dir auseinanderzusetzen
was immer auch passiert
bereit vielleicht sofort deinen schwanz zu wollen

-

mund ist sog ,
und sprache kommt da heraus
worte der lust , wie :
schwein = zeig´s mir ,
trachten nach höherem .
dieses herrlich schöne „ ich kann nicht mehr „
diese brutale nacktheit von augen , mund , haut , worten , sätzen ,
gesten , griffen , berührungen , körperteilen -
ihr eindringen in die bauchhöhle .
das einfrieren von bewegung
das einsaugen der luft
das trinken von lust
das als ob
      alles sich auf meinen körper konzentriert
      die luft schon deine haut ist
      das drumherum gleichgültig
      die luft schwer , so angenehm
jetzt freiheit und dann widerstand
dein decoltee verspricht den himmel
und gleichzeitig vibriert hier schon der erbarmungslose verlauf
ritt zur erlösung
wir wollen es
die hände zittrig
sind wir nur durch dieses komplizierte stückchen stoff getrennt
und durch lächerlich dünne kalte gedanken

!

ver - lang - mich - an
leck mich da
saug mich ein
zeig dich
beweg dich , bitte
bück dich
bieg dich
spann dich an
gib auf
flieg
zeig´s mir
mach´s mir
besorg´s mir
geh auf die knie
verwöhn mich

viele atemzüge von seiner geburt entfernt befand er sich an einem ort , der so geeignet und wichtig wie viele andere war . ihn hatte er gefunden als er das gefühl hatte , gehen zu können ohne zu wollen und ohne zu ermüden , als er seine augen und seinen atem durch die landschaft trug .
es war der ort wo sich steine , wasser , boden und wetter so trafen , wie es seiner seele entsprach . im erwachsenwerden , wohl der zeit in der er zuvor erkannt hatte , dass vieles wovor er sich gefürchtet hatte sich als unwichtig und anderes , woran er nicht gedacht hatte , sich als umfangreich darstellte , wurde ihm klar , dass es galt was er tat als nützlich zu empfinden , wobei er glaubte , er habe eine bestimmte aufgabe , deren inhalt sicher anzuzweifeln war , sie mölichst gut und nützlich zu tun jedoch so selbstverständlich war , dass er darüber nicht nachzudenken brauchte .
das seltsame an seiner methode der wahrnehmung war vor dieser zeit eh , dass er nach situationen viel zu arbeiten hatte , er sich oft nicht zeit nahm , in vorgänge einzugreifen , sondern versuchte , sie mit schrägem schein (aus angst) zu beherrschen , was eigentlich nie möglich war .
der schräge schein der täuschungen dominierte die spielregeln der gemeinschaften in seinen augen

–

der dirigend war ein gradliniger typ , es schien als wolle er , dass die töne möglichst rasch den ausgang erreichten ; er war nebenbei bergsteiger , schon mehrmals seiner gradlinigkeit wegen abgestürzt . die erste stimme war zugleich eine tänzerin . sie hatte eine unglaubliche bandbreite , überhaupt keine berührungsängste , hielt sich jedoch auf distanz zu den bläsern und streichern . sie gewann ständig an volumen , wobei ihre begleitung sich langsamst verabschiedete . die bläser harmonierten übereinander , wodurch der zuschauer zum zurücklegen des kopfes gebracht wurde . die streicher klangen noch etwas für sich , breiteten sich aber variationsreich aus .

der zug setzt sich mit einem kurzen irritierenden ruck in bewegung , findet dann
seine schiene , sein gleichgewicht und seine richtung , bringt die kraft auf um sich
voranzubringen , vom schweren langsamen zum rollen , zum gleiten .
das licht im zug ist zu grell , künstlich , und es passt zu dieser metallschlange mit
gucklöchern in der menschen sitzen , wenn sie nicht stehen oder liegen , gehen oder
laufen . die scheiben spiegeln die innere seite dieses abteils - menschen mit
gesichtsausdrücken , in ruhe , in bewegung . wenn man den spiegel durchdringt sieht
man , wie die beginnende nacht langsamer als erfassbar die farben löscht und die
grau - schwarz - beleuchtete welt erwacht , regt sich und wird grösser . wie die augen ,
die gierig nach licht werden , wenn sie nicht von der grellen lampe einen stich
abkriegen .
die menschen hier entspannen sich , lesen , manche hoffen , dass der kontrolleur
nicht kommt , ähnlich unsinnig wie enttäuscht zu sein , keinen 6er im lotto zu haben
andere fühlen sich gefangen , wollen die zeit überspringen und den ort , wollen den
zug verlassen weil ihnen alles zu eng ist : gleiche richtung , gleicher zug ,
geschlossene tür mit all diesen verrückten leuten . manch einer würde jetzt lieber
laufen oder auto fahren , tief schlafen oder tief stossen bzw. tief gestossen werden .
träumen , ja träumen tun viele in diesem 1. und 2. klasse zug : von dem zu dem sie
fahren (wie ich) , vom sport , von nie dagewesenen urlaubsszenen , von dem
gegenüber in nackt , von der unvorstellbarkeit des lebens , von dem da drüben und
wo der der wohl lebt , vom vielen möglichen . und planen und resümieren , und
abschliessen und aufbauen , sogar hassen und lieben fühlen einige in diesem
transformationsschlangenschienenmetallgleitding ohne spürbaren fahrtwind .
ein abgleiten in eine phantasie , in eine szene - was wäre wenn jeder seine szene hier
hätte oder fort wäre :
der 50jährige , mopsige , blaßschwitzige aktentaschenträger würde sofort und ohne
umschweife die 17jährige zahnspangenträgerin mit dem knackarsch von hinten
durchbumsen , nur hintern frei und los . walkman würde sie aufbehalten .
sie indessen fragt sich , welche poster der schnucklige boy mit dem
bürstenhaarschnitt und zuckergrinsen über seinem bett an der wand kleben hat .
der macht gerade in letzter spielminute einen absatzkick mit dem der ball genau im
richtigen bogen über den gegner fliegt , schuss aus der luft und....genau oben rechts
wom - unhaltbar .
oma , schwach , mager , dauerwelle weiss , zu schwerer mantel , denkt über die
zahnspange : früher haben wir jungen mädchen uns auch gewagt angezogen , aber
anständig , -bei der sieht man ja alles .

jetzt sieht spängchen mops an .
er : „ die will´s doch so .“ dann kommt ihm kurz seine frau in den sinn - schnell
zurück zu diesem po , ...

DER LEOPARD

euer leben eine flucht

immer hastiger

ich weiss , dass ich spielend stärker

tödlich , hungrig bin .

am ende

werdet ihr das warme blut herauslaufen spüren

und das ist für mich der anfang , neues weiterleben

ruhe , auspulsierendes leben

unter meinen krallen und blicken starr

nochmal :
hätte ich ein wort
hätte ich ein wort , zu sagen was es ist ,
für die weite
für die grösse unserer verbindung .
könnte ich die magie in diesen momenten beschreiben ,
hätte ich bessere worte als genuss ,
zuwendung
spiel
fruchtbarkeit
zusammenhalt .
wäre es mir möglich zu erzählen
wieviel du mir bedeutest .
dann wäre ich da wo wir sind ,
in diesem gefühl : unserer welt .

wir werden erleben müssen
dass zu grosser freude der verlust gehört ,
der schmerz - der unsere kraft fordert .
wir werden erleben , wie sich unser spiegelbild verändert ,
vieleicht erschrecken .
wir werden dem tod begegnen
und unserem eigenen gewahr
und erschrecken ,
hoffentlich wacher werden
und immer noch lebendiger .
wir werden uns entscheiden in jedem moment .
und all das wird folgen haben .

es war , als wir uns begegneten ,
als wäre die luft ein magnetischer glücksbringer um uns ,
als müssten wir uns berühren ,
als hätten wir den menschlichen schatz gefunden ,
den passenden anderen ,
die quelle der freude ,
das tragende gefühl - glück .

wir sind im fluss , jetzt ,
als tanzten wir durch den tag ,
verspielt , einig ,
suchen wir uns
immer wieder ,
lösen uns , immer im gefühl
wo der andere gerade ist ,
nehmen , geben , lachen , weinen .
und immer wieder weiter
im sturm der zeiten
im strom der zeit ,
betrachte ich dich , und denke :
unglaublich diese frau .
vielleicht tun wir
was sonst wenige tun ,
finden situationen in denen selten einer war ,
neue räume voll von freiheit .
immer noch in liebe .
und nachts und tags und fast immer und überall
könnte ich in dir pflanzen

mich ergiessen in deinen kostbaren leib .
wir lassen uns vergessen ,
dass irgendetwas unschön daran sein könnte
seinem verlangen einen körper zu überlassen .

wird es gut werden ,
werden wir jeden morgen unsere familie neu erfinden ,
werden wir liebe , zuversicht ,
kraft und aktivität verströmen .
werden wir ein haus haben zu dem alle gerne kommen ,
werden unsere kinder einen platz haben ,
sich zu entfalten ,
werden unsere eltern etwas finden ,
woran sie nichts verändern müssen -
sich blos wohlfühlen und ernten ,
was sie gesät haben .
werden unsere freunde einen ort haben
für was immer wir wollen -
es könnte sich dabei um feiern drehen ,
eine quelle für alle
wie unsere .
gott ,
der du für mich ein gott der tat und des augenblicks
und der menschen bist ,
deine einfach funktionierende idee der quelle ,
der verbindung von frau und mann ,
die fliesst
und wo platz ist ein meer wird :
das leben funktioiert
dank dir .
du schickst uns , deine kinder , los
gutes und schönes zu tun und zu sein .
bleib in kontakt mit uns ,
auch wenn wir die augen schliessen ,
nicht mehr wollen ,
keinen weg finden -
bis wir wieder erfahren wie das leben läuft .

und der letzte, der erste
und viele Sätze zwischendurch
werden immer sagen :
ich liebe dich !

RUECKSEITE

PO-ETISCH
KNACKIG SCHARF/WILLIG
STRAFF
EXPRESSIV
SAFTIG
INTENSIV
ANSTOESSIG
ANZUEGLICH
SCHLUEPFRIG
FREIZUEGIG
SCHARFMACHEND
AUFREIZEND
AUFGEILEND
FEDERND
PRALL
PROVOKANT
NACKT
DURCHSCHEINEND
NASS
WACKELND
SICH RECKEND
VIBRIEREND
PUMPEND
FEUCHT
SCHWITZEND
HEFTIG

ES NICHT MEHR AUSHALTEN

das leben
so kurz
wie zwischen zwei gedanken .
ein weg :
sich offen situationen stellen
oder surfen
oder laufen
oder raus
oder rein
und wissen um was es geht
was in dir arbeitet
und wie lange .
und dich beachten , genau
und für dich handeln
sprechen
und gut zu dir sein .

rezepte

liebe nach dem sex
frag dich , ob weniger mehr ist
steh vor dir da
frag dich , wohin du willst
nütze dich
kenne dein verlangen
es wird dich stark machen und schwach
willst du es erleben ?
wie sehr ?
wenn du leidest
bleib bei dir

fang an , mach weiter ....

SOFI

abgefahren , geil
rumms wird es dunkel
zwei minuten magie
die leute verwandeln sich , öffnen sich
in lustvolle wesen
auch ich
verschlinge fastfoodmenue zu musik
momente
nacktes leben
magie

schrecklich

normalerweise wäre heute ein tag an dem du vorbeikommen würdest
wir würden reden
irgendwann würden sich unsere hände begegnen ....

es gibt keine worte
nur den schmerz , der in klatschmohnfeldern liegt ,
in bildern von dir

klar , alles hat sein gutes
aber die sonne scheint nicht wie vorher
der mond zieht mich durch die nacht
der schlaf will mich nicht
das essen nicht und die menschen um mich

es begleitet mich zäh

eines schönen sommerabends
war ich allein mit einem funken hoffnung
und es half nichts _
ich musste da durch

NEUES LAND

so komme ich an , in einem neuen land
das land der weite
mein herz hat die liebe gesehen
mein auge den sex .
jetzt , im neuen land , soll mein bauch handeln !
mein atem leben
und meine füße tragen
mein herz sehen
und mein auge ruhig sein
meine hände offen .

in welches land hast du mich geführt , vater
in das land des windes , der die zeit macht ?
wo um alles in der welt ist ein halt
an dir?
ja , du bist wohl der , den es zu ergreifen gilt
auf dass wir an keinem punkt aufgeben
um unseres stolzes willen
auf dass wir weitergehen
und mitnehmen soviel wir können
in aller bescheidenheit .

wachtraum
mit einem jungen , der von einer felswand (auf passhöhe) ein paar meter
herunterspringt und einem mann , der ihn auffängt .
und du erkennst , dass der junge du bist
und später , dass der mann auch du bist .
du fängst dich selbst .

-

der tod bringt uns dahin wo wir alle herkommen -
in die vergangenheit

&

er gibt uns den geist des gestorbenen
dessen mut
und kraft
den wichtigen schweren nächsten schritt
tun zu können ,
dessen liebe
um uns warm werden zu lassen
in dieser kälte .

&

das leben bleibt ein suchen
das du bestimmst

fliesse

gibt es ein leben vor dem tod
(und wenn du diese frage mit ja beantworten kannst)
sind nicht schon viel zu viele unnötig gestorben ,
felder von toten
zu opfern geworden aus der not der täter
(und wenn du diese frage mit ja beantworten kannst)
was wirst du mit diesem wissen tun
kannst du diese welt so sehen , wie du sie sehen willst
für dich , für deine und meine kinder
(und....)
kannst du dein inneres in die welt bringen
 erkennst du dein spiegelbild in den augen deines gegenüber

DER BODEN

der boden aller klarheit und unklarheit

die ahnung davon :

der tod erlaubt uns , die uhr ,

das um - uns

und die form

und das spiel

zu verlassen .

ende der anstrengung .

das zentrale wort in der mitte :

GUT

dieses schöne nichts

aus dem alles werden kann

in dem ich sein kann .

ein leerer kasten voller liebe ,

und ein impuls - genutzt

und daraus wird aktion

spass , mythos

begreifen , zeit und tempo

und das erleben des anderen

und das in und an sich .

desshalb möchte ich NICHTS haben

schaukeln

auf einem baum liegen

auf einem hügel sitzen

und wenn es zeit wird

ins tal rennen

und leben .

menschenkind
(sich frei bewegen)

losgeschickt , um aus angst zu lernen
mit grundsätzlich grenzenlosem liebespotential
und mit 4oder5 jahren
warst du schon der , der du heute wieder sein willst

in meinem fall ein kind
das seinen größten spass hat
sich frei und energiegeladen
zu fühlen
das über die halbe welt lachen kann
das lebhafte gesichter mag
gutes essen
wald und wild .
stolz und eigenwillig .
und jetzt
laßt mir zeit , mir meine eigenen gedanken zu machen !

sophie macht freude

wir erleben die welt
wie ein karussell um uns
so dass ich nicht mehr weiß , ob du dich um mich
ich mich um dich
oder die welt sich um uns dreht .

lisa macht liebe

es zieht uns zusammen
und wenn wir getrennt sind - vermissen
und wenn wir zusammentreffen - glück
so einfach ist das .

er sah in die luft
in der seine sehnsucht war
er sah auf den boden
in dem seine wurzeln lagen
er sah in das feuer
in dem sein verlangen flammte
er löste seine brust
in der seine angst spannte
er ließ die luft in sich fließen
wo seine freiheit lauerte
auf einen anlaß
sich offen zu zeigen

–

bis zu diesem stein bin ich gekommen
darauf lasse ich mich nieder
um sein verständnis von zeit zu bekommen

–

dieses eis - wasser in kalter form
kaltes glas
dessen feind die sonne nicht zu sein scheint

unbeschreiblich
(als hätte es) ein eigenleben
so ewig wie kurzweilig

–

dieser baum
bekleidet und warm wie ein körper
und wenn du ihn berührst
erinnerst du dich
und fühlst
es könnte blut darin fließen .

Little Journey

du radelst los
hörst die synphonie
die in diesem wald steckt
wenn man ihn auf rollendem weg
in flottem tempo durchfährt .

irgendwann verändert sich die zeit
der körper
der geist tritt in´s freie .

es regnet
bis auf die haut
in die augen .

es wird nacht
die stadt hält trockene , bekleidete frauen bereit
die du nicht begleiten kannst
weil du keinen pfennig geld dabeihast
und genau durch diese künstliche trennung
gewinnt das ganze an reiz .
und du starrst in pfützen
gelb-orange beleuchtet
in die regen fällt
und es gibt (vielleicht) nichts schöneres .

wer du bist

eine energie
aus zweien
die wieder aus vieren sind
ein ozean von generationen
und wir sind die oberflächenspannung
bis wir abtauchen .
im leben
kann ich die meißten dinge bewegen und mich
und ich werde (und das gehört dazu) platz machen
für die , die ich mir folgen lasse .

der bauch des panthers

ich liege auf einem baum
genüßlich , entspannt
und warte auf die nachmittagsonne .

wenn die dämmerung ihr die erste kraft raubt
werde ich unruhig
strecke mich , gleite hinab in´s leben .

und weiß nicht , ahne
wie ich morgen früh nach hause komme
gefüllt .

                    4 filme

                          A

      friedhoefe werden langsam sich den graebern naehernd
                          ueberflogen
                  der wind wird ganz langsam hoerbar
                      die kammera dreht sich
        und danach wird am unteren bildrand der himmel sichtbar
              er waechst bis zur haelfte des bildes an
                  dann kommt von unten wasser/meer dazu
            bis sich alles zu einem drittel das bild teilt

          dann wird durch dieses bild ein babyzimmer sichtbar
                      und immer deutlicher .
      in dieses zimmer treten ein aelterer mann und eine aeltere frau
                      und kuessen sich ,
                    was man deutlich sieht
                      dann umarmen sie sich
                        und lachen .
                  das bild bleibt stehen
        man hoert stimmen von aelteren leuten , lachen , grosse freude
        und ploetzlich wird ein kinderspielplatz sichtbar
                  auf dem sich die alten tummeln
        schaukeln , wippen , klettern , am seil haengen , rutschen ....

              einer auf einem kletterturm liesst ein gedicht
                  die anderen hoeren aufmerksam zu
                        "ich staune
                    das leben ist so gross
                    und ich meine meines .
                    alles was ich erlebe
                  erlebe ich weil ich hier bin ,
                        durch mich ,
                        jetzt , hier .
                  es ist wie eine synphonie ,
                      staendige steigerung
                          schwung
                      magische anziehung
                  uebe ich auf mich aus .
                natuerlich will ich hier bleiben .
                      herrlich ."
                          .
                          .
                          .
                          .

zwei gesichter , eine frau ein mann , sich ganz nah
gegenueber , seitlich gesehen .
sie laecheln , sehen sich da eine zeitlang an
er :"wie siehst du aus? ich meine drunter ."
sie wartet , dann :"gut , ich meine meine haut fuehlt sich gut
an , meine beine gefallen mir und mein po .
mein bauch koennte manchmal flacher sein ,
meine brustwarzen sind dunkel , klein ."
er schluckt
dann :"was gefaellt dir ?"
sie :"du meinst , wenn ich mit einem mann schlafe ?"
er :"ja ."
sie :"was mir gefaellt ? wenn es sich entwickelt ,
wenn es beide auf die gleiche art wollen ,
wenn man immer weniger angst davor hat . pause
dann kann ich mir vieles vorstellen ."
pause
sie :"wie siehst du aus ?"
er :"meine form gefaellt mir . meine beine koennten etwas

kraeftiger sein , meine haut ist o.k. , und ich hab nicht

soviele haare - das finde ich gut ."

ein 17-jaehriger geht vor einer kirche auf und ab
raucht , ist nervoes
mit energischem gesichtsausdruck .
er geht hinein , da stehen vorne wie ein chor seine eltern
geschwister , verwandten , lehrer , mitschueler .
er geht schweigend auf sie zu
dann steht er vor ihnen , krempelt seine aermel hoch
schreit :
"warum traut ihr mir nichts zu ? warum legt ihr mir staendig
was in den weg ?
chor schweigt .
zu seinen eltern :"warum vertraut ihr mir nicht ? fragt mich ,
was mit mir los ist - was ist mit euch los ?"
mutter :"wir lieben dich , wir haben angst um dich ."
er :"scheisse , soll ich mich jetzt in ketten legen lassen ?"
vater :"werd nicht frech ."
"leck mich !"
verwandte :"schlimm ."
er :"ihr seid so scheinheilig !"
lehrer :"jetzt beruhige dich mal ."
"gerade jetzt nicht !"
mitschueler :"er hat recht ."
er :"endlich ."
mutter :"um was geht`s dir ?"
sohn :"ich weiss es nicht !
vielleicht moechte ich eine freundin (sieht zu einer im chor)
guten umgang , anerkennung
ein paar mark in der tasche
machen , was ich will ."
ist erleichtert , dass er`s gesagt hat
chor staunt :"wir auch ."
er :"koennt ihr mir das versprechen
ich muss mich auf etwas verlassen koennen ."
"ja , klar ."
.
.
.
.

D

ein rudel kinder laeuft ueber eine wiesenlandschaft
sie lachen , werfen sich einen ball zu
und rufen immer wieder :
"NOCHMAL :"

verloren

herumgetrieben
wie fleisch
in einem strudel nach unten gezogen .
abwärts getrieben
aufwärts gekämpft
heiß . kalt
grell . dunkel
gestanden . gerannt
sprachlos . geschrien
getrauert , gelitten
allem ausgesetzt
gedreht
gesucht
vermißt
geschützt
geöffnet
verletzt
leer
                              gereinigt
gefunden
                         dich
gezeigt
                         mich

KANN

lieben wen ich will

mich hängen lassen

aufstehen

mich fühlen

mich austoben

denken was ich will

lachen

nehmen und ablehnen

mich fallen lassen

Der TAG

Und dann kommt der tag

an dem alles so geworden ist , wie du es wolltest

und sogar noch mehr davon passiert ist .

und jeder schritt dir so zugänglich wird

wie lebenskonzentrat

satt , gehaltvoll , ergiebig .

Ob du dich zurücklehnst

oder reinkniest

es wird , wie du es willst .

Dann ist es gleich

wie du darauf kommst

was es ist oder was sich abspielt

real bewertet

und ideal verknüpft

es ist ein wenig unheimlich , neuland von dir

es ist lebendig , einzigartig , ungewohnt , nicht wieder

es ist zu bringen und unglaublich

am anfang deiner zeit ....

bist dein einsatz im spiel DU

HOW BIG IS BIG

„ich möchte ein paar leute um mich glücklich machen

und dadurch mich ."

der weg
ist nicht das drumherum .
mit diesem buch
bin ich dir begegnet .
dein weg und dieses buch .
dieses buch , mein trick
um an dich ranzukommen .
wenn du jetzt lachen musst
heisst das ja .
dank meiner anziehungskraft
und dank deinem spuersinn .

ja und lachen
heisst ,
dass wir mehr fuehlen koennen
dass dieses eine gefuehl das staerkste ist .
schwein gehabt .
schwein kommt wieder .
viel schwein .

nachbarn
wie zaunkönige
kollegen
wie schleimbeutel
mütter
wie känguruhs
chefs
wie äxte
- ekelhaft .

auffällig
wenn jemand keinen guten grund hat .

−

kratzer
wie schön .

−

normalität
ein faden aus fairness
an einer steilwand
die alle nach oben klettern wollen
- seil dich ab .

−

unaufhaltsam

als kind aufgehalten
von der ständigen streiterei meiner eltern
löse ich heute manchmal solche verbindungen
mit einem schnitt / ohne erklärung
um voranzukommen .

−

vorankommen

ist ganz einfach
mit dem gedanken an den aktuellen witz .

−

trübsal blasen

ist sicher nicht so gut wie klavierspielen

es ist eine art zeitloch
durch das man am besten kriecht
ohne sich darüber aufzuregen .

–

sonnenblume

die pflanzen räkeln sich der sonne zu
ob sie sich freut ?
kalte scheisse !
aber wir haben ihr alles zu verdanken

–

alle wege

wo angst ist , ist auch liebe
und sie sind so nah beieinander ,
dass wir das nichtmal mehr merken

sie geben uns die form
die bewegung
das suchen und finden

–

insgeheim

glückseligkeit ist die freude über das finden von liebe
in uns und um uns .
liebe und angst sind emotional wechselduschen .

shakespear schreibt
liebe ist schmerz
verführung ist macht
zähmung ist ausdauer.
bewundernswert die kraft seiner worte , gewandheit der sätze,
sein durchblick
ein meister, unschlagbarer stil.

diez schreibt
liebe ist der gegner der angst
sie wachsen aneinander, wenn einer überwiegt - illusion
verführung beginnt in dir, endet nie und ist immer da
mächtige äußerung von leidenschaft.
zähmung ist kunst.

und in allem steckt ein kleiner witzbold
der immer sagen kann: "es ist doch nur....
lyrik"

oder

-

kunst

hinein wo keiner ist
finden, was du finden willst
es wild aufnehmen
um eine form kämpfen - zähmen
ohne es zu verletzen
und es euch zeigen

-

leidenschaft

ursprung der bewegung
in, an, um sich
surfen in verführung

in einem genialen kreis

bereit

aufgeregt

mit einem ziel

und der energie

im kreis des zwerchfells ,

seligkeit im kopf

die über die augen nach aussen strömt .

hautgefühle

funktionierenlassen des körpers

bauch , atem

eins sein

und wieder ein ziel finden

augen ruhig auf

geld

sich kleiden
und meinen
sich geben
und nehmen

zulassen
dann bist du ganz schnell im was dich lenkt
es ist hauptsaechlich mit klaerung beschaeftigt
also schaufle den berg ab
so stirbst du klar .
dann ist es als ob blumen aus deinem bauch spruehen

aber es kommt zurueck
und wird dich wieder belasten

zulassen was angst gemacht hat

nur so
ueberwindest du geradlinig
sie

-

das leben ist manchmal : ZACK !

-

schreiben
wie den film live werden lassen

-

die staerke der frauen (gegenueber den maennern) :
realistischeres denken

-

ich : was war und was moechte ich

-

zwaenge : der alltag
sie haben vorrang
vor freiheiten wie sein

-

spazierendenken

-

aegern macht spass

–

machs gut

zeit (ich kann)

gefühle wieder holen
sprechen
auf reisen gehen
einen film zur musik machen
bestehen
erfahrungen mischen
herausnehmen
versuchen , es aufzunehmen
vermitteln
verinnerlichen
abwarten
erfüllt sein
und es genießen/steigern/verlängern
kürzen
einsetzen
erkennen
auslösen
überfluten
lösen
nach gefühltem denken
wegdrängen
nicht mehr können
auf den punkt kommen

ist das jetzt alles
was kommt jetzt
das kanns ja nicht sein

der kick : etwas nicht kennen
der trip : funktionieren
der flow : das zu erkennen

der clou : immer noch nicht kennen

mut

-

und du kommst
zum boden vollständiger ehre

-

von der oberfläche des selbstbetrugs

-

das gehirn bildet sich im grellen licht unseres willens aus

Geistes Gegenwart

mit cooler aktion
etwas anderes zeigen
um darzustellen
was ich liebe : coole aktion

-

in deiner liebe

gehst du ganz auf
und nur dein verstand
kann möglicherweise etwas finden , was dagegen
spricht .
dann , in liebe ärgerst du den anderen
um ihn auf seine defizite aufmerksam zu machen
und die sache spannender zu gestalten .
liebe ist so etwas praktisches wie sex
alle geheimnisse sind erdichtet und erlogen .
du liebst , zuerst dich , dann andere

-

liebe - der magnet
anziehung
abstossung
wir drehen dem anderen den pol zu
auch liebe ist ein kampfspiel
- es lebe die energie

-

nicht über sich zu sprechen
- mangelndes kennen von sich

-

ich bin vorarbeiter

-

ansichtskarte von mir

ich wünsche dir abwechslungsreiches
wetter , leben , lieben , f....n

-

deine kraft vorrauszusetzen
einzusetzen ,
dass ist das spiel

werbung - schleim

—

hunde vereinfachen das leben

—

vorstellungen
passen oft nicht zu vorstellungen ,
was machst du daraus ?
ein neues haus
eine neue vorstellung
von der du annimmst , daß sie hinhaut
einen weg
den du gehst .

                        du bist gut
                        mach weiter
                 und berichte den anderen
                        kuß

                        —

                 ich frage dieses lied
                 warum hast du mir`s angetan

                        —

                 ein buch

                 eine liebe
                 ein partner
          ein teil einer leidenschaft
                 ein teil von dir

                        —

          binde dich an das leben

der weg zu zweit

ruhe
jeder weiß wo`s langgeht
und an diesen abenden
und zwischendurch
trifft man sich
mit herz und seele
und tut aus überzeugung ein paar momente dasselbe
eins sein
um zu sehen
ob der andere noch derselbe ist
und sich daran erfreuen

ich nehme dich
bin in dir
gehe ein stück mit dir
solange ich will .
so funktioniert unser bauch
unser herz liebt ohne zeit
nach unserer wahl
unser verstehen wechselt die form
weil wir alles um uns sehen
und nicht immer verstehen
was das mit uns Macht .

—

ein einfacher mensch

der sich unnötige kompliziertheiten erspart
und nötigen nicht aus dem weg geht

—

eine maske tragen schützt
sie sieht aber ziemlich steif aus

—

kinder haben recht -
es ist dumm , nicht voll konzentriert zu sein
(auf das , was ich gerade mache)

—

wir dürfen doch
ran an den kelch der wahrheit
wenn wir uns getrauen
oder Vater ?

—

wenn einer zu große angst hat
soll er weitergehen
bzw. loslassen

—

an den augenblick glauben !

—

das leben muß man fassen
nicht ergreifen
sein sinn ist schon erreicht
- daß wir wir sind , so wie wir sind
wir sind tatsächlich da
seele
im körper

und wofür wir da sind ?
um zu lieben
(aus angst lieben lernen)
und wem das gefällt ?

realität=wie funktioniert alles
vorstellungen=was ich daraus betone
verständnis=brücke

–

Philosophie I
überlegung ist die treppe
auf der wir gerade stehn
neugier , interesse
haben uns heraufgebracht
die aussicht heißt erfolg
-ist er auch der richtige?
-geht es weiter?
aber natürlich

–

meine seele ist dumm
sie kann bloß lieben=
mich in wärme nehmen

–

Philosophie II
that`s all from here

–

überlegung
kann den drang stoppen
es lebe der sturm
der die neuerung bringt

–

Der Sturm

in dir
lotet alles aus
erobert die welt
dich darin
im sturm
ergreifen wir
viele äste
manche wieder loslassen
in dieser wut
macht man auch wege
die man nicht mag

Vertrauen
ist zuerst gefühlssache

–

Verantwortung
ein großes wort
Klarheit ein größeres
das folgt

–

Weichheit
reduzierbar

–

cool sein
aber nicht aus trotz
sondern
weil´s dir gefällt
und trotzdem

–

es läuft eh darauf hinaus
daß wir DEN weg finden

–

Genialität
einen satz zu hören
(vielleicht ohne ihn zu respektieren)
aber ihn umzusetzen
(ihm nachzugehen)
für dein leben
(deinen instinkt)

–

Streit ist nicht immer kultur

–

ein alter witz

was ist der größte fehler , den ich beim trainiern eines hundes machen kann?
den falschen hund trainieren

–

du bist ganz nah dran
kannst aber das Ziel immer noch verfehlen

–

Nebensätze
das a und o

–

hauptsätze
lediglich Behauptungen

Tropfsteinhöhle

tropfig
dunkel
dampfend warm
Herbst

–

Menschen

begegnen sich
wenn sie die gleichen Absichten haben
aufrichtig
mit vorbehalten
versteht sich

–

der Zwischenraum
zwischen zeit und raum
Traum .

–

Werdet eins
ihr der zukunft
Traut euch
Mut
nur Mut .

–

noch ein großes wort
Wiederaufrichtung

–

ich kann nur darauf achten ,
was ich im Moment mache
ob dabei
Verbindungen entstehen
ist Spiel
keine absicht
aber es freut mich
erstaunt
und verbindet .

das leben
eine akrobatiknummer
ohne netz

der staerkste satz
am schluss
I can die

-

fahr gut
such dir die menschen aus

-

gewollt

-

sofort reagieren
wenn´s um dich geht

-

alles vorstellungen
andere menschen
sind vorstellungen
mit koerpern
mit eigenen vorstellungen

-

sein lassen

vorstellungen
offen begegnen
real machen was gefaellt .

HUNDE I

wir haben einen überblick über euer leben
ihr habt charakter
stil
liebe
alles auf eure art
ihr erfaßt wärme
geruch
streit und leid
freude und hoffnung
- laßt uns eins sein

II

ihr seid unterteilt in arten
nichts demonstriert mir mehr die vielfalt der art .
die geradlinigen
sturköpfigen
willigen bis sehr willigen
gefallen mir am besten .
RESPEKT

es lebe DER hund

das alter (pro fortgeschrittene)

wir sagen
die alten werden wieder wie kinder
gott sei dank
sie spielen .

EXPERIENCE is THE TRUTH TEACHE%R

ein gefühl wie gott

steck deinen kopf durch das loch in den wolken
faß sie zusammen wie den schaum in deiner wanne
leg dich auf die erde
und fahr mit deinem zeigefinger über die spitzen des himalaya
blase die kreise des saturn aus ihrer umlaufbahn
kühle deinen kopf in den tiefen des ozeans
mach schattenspiele auf den mond
mach wind , bis er ein lied pfeift
renn weg und bleib da
laß dir die sonne über den rücken rollen
werde licht
spiel

glück
kannst du dir (ohne grund) aus den augen laufen lassen

—

die vorstellung , nicht mehr zu sein
kann nicht vorgestellt/mit leben gefüllt werden
ein ende ist uns vorgestellt .
panik , helles wachsein
löst diese schwelle aus .
oder ein wohliges hineingleiten .
oder einen kampf um erhalt
dieses phantastischen körpers .

also werden wir uns überlassen
dir nach mir .
euch nach uns .

jetzt mit der gewißheit
daß es euch keinen deut anders geht
als uns .

ihr seid aus uns
und wir werden euch platz machen
ruhe finden , als hätten wir sie gesucht

das nicht vorstellbare ist in unmittelbarer nähe zum impuls
impuls geht weiter

er stolpert
vor dem see , ihren augen ,
fällt hinein in langsame zeit
wie gefesselt
liest er von ihren lippen , ihrer zunge :
„ lecken , küssen , saugen .“
ein rudel ameisen galoppiert über seinen rücken
quer durch den bauch zwischen seine schenkel
ein wohliger schauer wie eine welle
ihr freier bauch zeigt vollendete glätte
ihr hals und ihr decoltee makellosigkeit
ihre brüste schon im ansatz unvorstellbar.
die musik und die hitze arbeiten für sie
ihre hände senden botschaften :
„ wir könnten deinen schwanz anfassen .“
ihr runder a..hintern löst reflexe in seinen armen
die bluse kämpft von alleine mit den knöpfen
ihr haar spielt mit ihm zeig ich dir-zeig ich dir nicht
seine haut zieht sich zusammen
zwerchfell vibriert - hals eng , luft schwer ,
alles andere ausgeblendet
ihre warzen durchstoßen das stöffchen
da-sie trägt doch schlüpfer-rot
wie der nagellack-absicht
und was sie sagt-provokation
und bestellt ein eis zum lutschen
der letzte orgasmus : zu lange zurück um den
anstehenden lange zurückzuhalten
„ sei doch nicht so zurückhaltend .“
sagt sie und dann erzählt sie noch ,
daß sie es liebt , alles im griff zu haben ....

DU (meine synphonie)
zartes wild
rohes geschmeide
abgründige schönheit
befleckte empfängnis
ohnmächtiger sog
wartender schmerz
einmalige anmut
wirbelnde kraft
staunende nachlässigkeit
herbwildes gesicht mit fleischmund und
bergseeaugen
hüpfende wachsamkeit
hin - und hergeworfene staunen
straff-federnder po
straff-wippende titten
reiterschenkel
zwischen meinen händen schmelzende taille
gebogenes zucken
sonnenaufgehgrinsen
abartiges anlangen
nackenfreies vonhintengefühl
vorgelocktes mutmitmachgefühl
ausziehender reizstoff
mitfühlende gegenwärtigkeit

unersättliches eintauchen
unergründliche mundhöhle
gib mir deinen saft gnadenlosigkeit
stoß tiefer schneller sucht
vermittlerin aller welten
hohes tief
tiefes hoch
einfache unfassbarkeit
derbe schönheit
läufst auf tönen
in klang deiner stimme tauchen
erhitzte erhitzende gier
glasperlenschwitzen
glanzhautschwitzen , anziehend , lecken
wollend
treibende kraft
instinktweckerin

**energie
ist vorhanden
jetzt keine fragen**

**was jetzt
komm schon**

next to nothing
second to none

in momenten großen glücks
vermisse ich euch
weil ich teilen möchte

stell dir mal vor
wir sind ein mensch
du erlebst dein blaues wunder
-

wintermorgen
„das leben außerhalb dieser decke ist so hart"
-

lügen sind innere wahrheiten
-

was weckt mich morgens ?
die energie überschreitet die schwelle
den körper von vorstellungen wiederaufnehmen zu können
-auftauchen
-

im reich des menschlichen

wird geklaut
getrickst
gelogen
betrogen
und eigentlich ist alles offen
sichtlich

und nur hüter des geheimen (ziels)
-

in einem guten gespräch
zieht man sich aus
 der wille und sein gelingen stehen da
und die absicht der person
erscheint
ihr TEMPO und ihre KRAFT .

der grund der dinge

eingetaucht
gefunden
ringsherum beleuchtet
aufgenommen
getestet
verbessert (manchmal von vorne gemacht)
oder gelassen
erfahrung gemacht
dokumentiert oder nicht
mit sich herumgetragen
bei gelegenheit weitergegeben
verwendet

-

over the hill

erschütternder gipfelsturm
oder langsames aufbäumen
gnadenloses fertigmachen
oder sanftes zufügen
hirnloses treiben
oder berechnendes vorgehen
eruption , körperbeben
bester weg zur mitte

-

eine andere welt

mit eigenen gesetzmäßigkeiten
mit eingeschliffenen spielregeln
mit eigenheiten
mit einigkeit
und der neuankömmling staunt
fügt sich ein
und versucht zu ändern , was ihm nicht gefällt
oder geht raus .

-

die dosis macht das erleben
wie viel gefühl
wie viel verstand
wie viel verletzung
wie viel dummheit
wie lange
wie das erleben sich formt
und besteht

shakespear schreibt
liebe ist schmerz
verführung ist macht
zähmung ist ausdauer.
bewundernswert die kraft seiner worte , gewandheit der sätze,
sein durchblick
ein meister, unschlagbarer stil.

diez schreibt
liebe ist der gegner der angst
sie wachsen aneinander, wenn einer überwiegt - illusion
verführung beginnt in dir, endet nie und ist immer da
mächtige äußerung von leidenschaft.
zähmung ist kunst.

und in allem steckt ein kleiner witzbold
der immer sagen kann: "es ist doch nur....
lyrik"

oder

-

kunst

hinein wo keiner ist
finden, was du finden willst
es wild aufnehmen
um eine form kämpfen - zähmen
ohne es zu verletzen
und es euch zeigen

-

leidenschaft

ursrung der bewegung
in, an, um sich
surfen in verführung

seele kaufen

graue monster
spinnbeinig
mit menschen aufgesaugt
gewachsen wuchernd
verselbständigt
sinnentleert
spucken produkte aus
die gefressen werden
von übersatten idiotisierten.
gebraucht wird geld!

grausam graue monster
mit anderen spinnbeinig verzahnt
mit unselbständigen aufgesogen, wie blutzellen in ihren adern
untötbar wuchernd in alle richtungen in denen geld gerochen wird
verselbständigt bis in den kopf
ohne fragen
spucken meißt scheiße aus
die gierig gefressen wird
von ekelgeilen vollidioten.
gefickt wird geld!

push you

zieh mich an
als wollte ich nackt sein
hör musik
als wollte ich sex
fahr auto
als wollte ich verführen
beweg mich
hinein
mach weiter

süße worte
rund und eingänglich
lösen sich sofort im hirn auf
werden zum teil von dir
echte erreichen den bauch

engel
begleiter auf dem weg zu wünschen .
manchmal muß man mit einem kämpfen

-

„ das leben ist kein opfer ."

„ scheiße ! jetzt haben Sie`s gemerkt ."

-

gute , ehrliche handhabe
ist der wert

-

hast du sonst noch was auf lager

-

was willst du mir vormachen
glaubst du , daß ich nicht lesen kann

-

geschenke
aufmerksamkeiten für dich
und mich

the frog King

vorsicht : ein märchen
er quakt : „wertschätzung"
sie überwindet sich : „wie soll ich den denn...."
und tut`s
    the crushing moment
    of doing impossible missions
-

lass es so

        SKURRILES
-

alles

    aufdeckbar

        und richtung
-

bleib weich
sonst kannst du nicht fliessen
-

behalte wertvolles
-

        präsentiere / vergegenwärtige
        etwas

        nackt
        -

        schmücke
        erklimmende höhen
        -

        bergvagabunden sind wir

die macht der stille

hat die kraft , uns herunterzubremsen

                                 vor der kippe

und umzudrehen .

                       die man hinunterfallen kann

                          und beschwert werden .

       sie kann diesen wichtigen wiederkehrenden 0-punkt bringen .

die stille der nacht

fast jede nacht
ein paar sekunden angst
vor diesem tod

               wie entscheidend für die frage

                 was mache ich

                 die stille ist in dir

               wie eine gewohnheit aus angst

                 um den blick einzustellen

             und die haltung zu kontrollieren .

                  das bad

                  eine einbildung

                   ein rausch

                ein tanken und tauchen

               die gefahr unterzugehen

                der reiz zu schmelzen

                   in der menge

                  es bleibt immer

                   das ureigene

eigenliebe:
wir fühlen sie alle
haben es uns nur noch nicht ausgesprochen

stimmungen:
von seicht wie nebelsuppe
zu klar wie himmelblau

kontaktanzeige:
alltagstauglich solltest du sein
lebhaft
witzig und gut
und man sollte dich wie dieses buch
überallhin mitnehmen können

disziplin:
spüren in welcher grenze
du dich konzentrierst

witz:
vor dem hintergrund
des sinns(der guten richtung)
den unsinn zeigen

schreiben:
zusammengefaßte energie
aus einem mensch
selbstbewußt und stolz

sein:
werden
was unsere innere leistung angeht

laut denken:leis reden

nur:keine falsche bescheidenheit

die reine lust am kämpfen/wachsen
und immer so gut sein/werden
wie die herausforderung

ah - es geht durch

der unsinn des lebens
daß der vordergrund des spiels andauernd war und ist:
„ich nehm mich dir weg=ich nehm dich mir weg"
aus angst angst machend.
statt zu vertrauen,sich getrauen
hemmungslose zuwendung
gnadenlose zuwendung
offen und ehrlich
mutig.
und ich meine nicht blind
ich meine für dich und den
den du siehst
den du liebst.

ich bin wie ich aussehe
was ich esse und trinke, rede, atme, schaue
ich kann alles sein
mein wille ist mein weg
leben ist freie wahl
wählen kann ich nur wenn ich sehe
und sehen nur
wenn sich die angst aufgelöst hat.

es ist nichts
oder vielleicht doch der traum
sich von innen selbst zu realisieren
sich gehen zu lassen
sich denken zu lassen
sich fühlen lassen
immer zur zeit
die richtung des blitzschlags in der nacht
mitzubestimmen.

die idee von gott

ein wesen werden zu lassen
mit der fähigkeit
angst empfinden zu können
und daraus zu lernen ,
eine form zu entwickeln (wachsen)
sich in immer anderer form zu
reproduzieren
mit der fähigkeit
lieben zu können
sich am wohlbefinden zu orientieren .
die idee von gott
sich am ende der angst hinzustellen
so daß wir auf ihn zulaufen .
die idee von gott
uns werden zu lassen
um die idee von gott zu bekommen ,
zu ihr zu werden .

hey
du
wenn du einsam bist
(ich war es auch schon)
du bist daheim
angekommen in dir
es ist alles in ordnung
wir wollen alle das beste für dich
hab nur für einen moment
keine angst
und folge mir mit deinen gedanken
auf dein boot
deine reise
journeyman
bist du und ich

-

jedes wort
hat seine pole
vom gefühl her
zu verstehen

-

in jedem satz
bist du

dust and light

kannst dich nicht aus dem staub machen
aber mach dir nicht zuviel daraus
nutze bestenfalls den wirbel
staub hat sich noch immer gelegt
sei cool und verhelfe dem licht zu mehr
beleuchte den punkt
werde durchlässig für licht

in meinem herzen
kämpfen die beiden :
angst und liebe
sie dringt mit mut in sie vor
daraus bin ich
energie - kraft - werden - handeln - sein

mit dem genuß
entspannter freude (eigenliebe)
und dem zarten schmerz
der zumutung in diesem leben

fühle ich mich dir ganz nah

open to the world

du kommst dahin , wohin du willst